BEI GRIN MACHT SICH IHR WISSEN BEZAHLT

- Wir veröffentlichen Ihre Hausarbeit, Bachelor- und Masterarbeit

- Ihr eigenes eBook und Buch - weltweit in allen wichtigen Shops

- Verdienen Sie an jedem Verkauf

Jetzt bei www.GRIN.com hochladen und kostenlos publizieren

Bibliografische Information der Deutschen Nationalbibliothek:

Die Deutsche Bibliothek verzeichnet diese Publikation in der Deutschen Nationalbibliografie; detaillierte bibliografische Daten sind im Internet über http://dnb.d-nb.de/ abrufbar.

Dieses Werk sowie alle darin enthaltenen einzelnen Beiträge und Abbildungen sind urheberrechtlich geschützt. Jede Verwertung, die nicht ausdrücklich vom Urheberrechtsschutz zugelassen ist, bedarf der vorherigen Zustimmung des Verlages. Das gilt insbesondere für Vervielfältigungen, Bearbeitungen, Übersetzungen, Mikroverfilmungen, Auswertungen durch Datenbanken und für die Einspeicherung und Verarbeitung in elektronische Systeme. Alle Rechte, auch die des auszugsweisen Nachdrucks, der fotomechanischen Wiedergabe (einschließlich Mikrokopie) sowie der Auswertung durch Datenbanken oder ähnliche Einrichtungen, vorbehalten.

Impressum:

Copyright © 2018 GRIN Verlag
Druck und Bindung: Books on Demand GmbH, Norderstedt Germany
ISBN: 9783668838154

Dieses Buch bei GRIN:

https://www.grin.com/document/446331

Olena Strelets

Portfolio-Analyse. Grundlagen und Praxisbeispiel anhand einer Jugendhilfeeinrichtung

GRIN Verlag

GRIN - Your knowledge has value

Der GRIN Verlag publiziert seit 1998 wissenschaftliche Arbeiten von Studenten, Hochschullehrern und anderen Akademikern als eBook und gedrucktes Buch. Die Verlagswebsite www.grin.com ist die ideale Plattform zur Veröffentlichung von Hausarbeiten, Abschlussarbeiten, wissenschaftlichen Aufsätzen, Dissertationen und Fachbüchern.

Besuchen Sie uns im Internet:

http://www.grin.com/

http://www.facebook.com/grincom

http://www.twitter.com/grin_com

Transfer-Dokumentations-Report
Unternehmenssteuerung
Die Portfolio Analyse

Olena Strelets

Inhaltsverzeichnis

Seite

Inhaltsverzeichnis II
Abbildungsverzeichnis III
Tabellenverzeichnis IV
Abkürzungen V

1. **Einleitung** 1
2. **Die Portfolio-Analyse** 2
3. **Portfolio-Analyse - ein Praxisbeispiel** 5
4. **Fazit** 7

Literaturverzeichnis 9

Abbildungsverzeichnis

                                                                                    Seite
Abbildung 1: Grunddarstellung der BCG-Matrix..3
Abbildung 2: Theoretische Grundlagen der Marktanteil-Marktwachstums Matrix....4
Abbildung 3: BCG-Matrix der Marienkäfer gGmbh..6

Tabellenverzeichnis

Seite

Tabelle 1: Produkte und die dazu gehörigen Kennzahlen der Marienkäfer gGmbH 5

Abkürzungen

BCG   Boston Consulting Group

1. Einleitung

Gute Ideen, gut durchdachte Arbeitsprozesse und ein gutes Unternehmen zeichnet sich vor allem durch seine guten Produkte aus. Wie aber schaffen es Unternehmen, die aus den erfolgreichen Produkten erzielten Gewinne sinnvoll einzusetzen oder überhaupt zu erkennen, welche Stellung die jeweils vertriebenen Produkte innerhalb des eigenen Unternehmens und innerhalb des Marktes besitzen.

Wenn Unternehmen mehrere neue Produkte auf den Markt bringen, können sie nicht immer erkennen, ob sie es schaffen, auf dem Markt zu überleben, wie schnell sie wachsen oder ob sie gemessen an den Inventionen gute Gewinne abwerfen. Insbesondere bei den sogenannten Flops kommt es oft vor, dass diese weiterhin betrieben werden. Wird ein Produkt aber zu lange auf dem Markt gehalten oder es werden Investitionen in ein sterbendes Produkt getätigt, verursacht es nur unnötige Kosten, die sinnvollerweise in die Entwicklung von neuen Produkten gesteckt werden können. Die Übersicht über die Anteile des Produktes auf dem Markt und des Wachstums des Produktes kann Unternehmen helfen, in ihre Produkte weiter zu investieren oder sie vom Markt zu nehmen.

Um eine solche Analyse vornehmen zu können, hat die Boston Consulting Group im Jahre 1970 die Methode der Portfolio-Analyse entworfen, mit der die Produktprozesse besser gelenkt werden können. Darüber hinaus verschafft sie einen Überblick über die derzeitige Position ihrer Produkte, was im Falle von mehreren Produkten sehr sinnvoll sein kann. Demnach stellt die Portfolio-Analyse (auch BCG Matrix oder Vier-Felder-Matrix genannt) eine Marktwachstum- Marktanteil-Matrix von Produkten dar (betriebswirtschaft-lernen.net).

Die vorliegende Arbeit wird zunächst in Kapitel 2 die Portfolio-Analyse mit der Bedeutung der Vier Felder darstellen. Es soll auch erläutert werden, welche Kriterien für die Platzierung des Produktes in das jeweilige Feld ausschlaggebend sind. Eine Verbindung zum Produktlebenszyklus, der den Verlauf eines einzelnen Produktes von der Planung bis zur Entsorgung skizziert und ebenfalls hergestellt werden soll.

In Kapitel 3 wird eine Portfolio-Analyse am Beispiel der Produkte, die in einem Unternehmen der Jugendhilfe in Oberhausen betrieben werden veranschaulicht. Es handelt sich dabei um die Produkte Inobhutnahme, Regelgruppe, Tagesgruppe und Verselbstständigungsgruppe. Die dieser Analyse zugrunde liegenden Werte stammen vom Unternehmen selbst, wo die Verfasserin dieser Arbeit seit ca. 18 Monaten beschäftigt ist. Aufgrund des Datenschutzes wird der richtige Name des Unternehmens nicht genannt und stattdessen der Name «Marienkäfer gGmbH.» benutzt.

2. Die Portfolio-Analyse

In der Portfolio-Analyse werden strategische Geschäftseinheiten innerhalb einer Matrix dargestellt. Die Matrix besteht aus zwei Dimensionen, das eine ist das Marktwachstum und das andere ist der relative Marktanteil des Unternehmens (Schawel und Billing 2014, S. 192). Da diese Matrix von der Boston Consulting Group entwickelt worden ist, wird es BCG Matrix genannt. Diese Form der Analyse der Geschäftseinheiten verhilft dazu, Prozesse zu planen und Entscheidungen zu treffen. Hierfür werden zunächst die Produkte in die Matrix, die aus vier Feldern besteht eingetragen. Wo jedes Produkt platziert werden soll, wird mit Hilfe einer Berechnung gemacht (Schätzl 2008, S. 4).

Die Formel für den relativen Marktanteil lautet:

$$\text{relativer Marktanteil} = \frac{\text{Marktanteil des eigenen Unternehmens}}{\text{Marktanteil des stärksten Konkurrenten}}$$

Die Formel für den Marktwachstum lautet:

$$\text{Marktwachstum} = \frac{\text{Marktvolumen im Planungszeitraum}}{\text{Marktvolumen im Vorjahr}} \times 100$$

Wie die Formeln zeigen, besteht die Summe des relativen Marktanteils aus einer natürlichen Zahl und das Marktwachstum aus einer Prozentzahl.

Nachdem für jedes Produkt diese zwei Werte errechnet worden sind, gilt es, diese in die Matrix einzutragen. Die erfolgt auf folgende Weise:

Die einzelnen Produkte werden als Kreise in die Matrix eingetragen. Die Größe der Kreise steht für die Kennzeichnung der Bedeutung dieses Produktes für das Unternehmen. Dies kann die Investition (Kapital), die in das Produkt gesteckt worden ist oder auch der Umsatz oder Gewinn sein. Das bedeutet, es ist auch entscheidend, ob und inwieweit die Einnahmen die Kosten decken. Wo genau der Kreis platziert werden soll, wird durch die beiden berechneten Koordinatenwerte festgelegt (Simon, Gathen 2002, S. 39).

Abbildung 1: Grunddarstellung der BCG-Matrix

	Feld 1 (Wachstum hoch, Marktanteil gering)	Feld 2 (Wachstum und, Marktanteil hoch)
Marktwachstum	Feld 4 (Wachstum und Marktanteil gering)	Feld 3 (Wachstum gering, Marktanteil hoch)
	relativer Marktanteil	

(eigene Darstellung)

Die Vier Felder der Matrix haben folgende Bedeutung:

Feld 1: Fragezeichen

Dieses Feld steht für die frühe Phase des Lebenszyklus eines Produktes. Hier stellt sich die Frage, ob in das Produkt investiert wird oder nicht und ob es sich weiter entwickeln lässt oder nicht. Die Vorgehensweise ist selektiv, das heißt, in diesem Feld können sich viele Ideen sammeln, die aber nicht unbedingt weiter betrieben werden. Weil sich bei diesem Feld solche Produkte sammeln, die wachsen können (Nachwuchsprodukte), wird dieses Feld mit einem Fragezeichen versehen (Question Marks) (Berschin, 1982, S. 22).

Die sich in diesem Feld befindenden Produkte haben einen hohen Finanzmittelbedarf, der entweder durch zusätzliche Mittel oder durch Finanzierung von Gewinnen, die aus anderen Produkten von anderen Feldern der Matrix erzielt worden sind gedeckt wird (Wöhe, Döring 2010, S. 89).

Feld 2: Sterne

In dieses Feld gelangen die erfolgreichen Question Marks von Feld 1. Das Wachstum und der relative Marktanteil dieser Produkte ist hoch. Diese Produkte brauchen weitere Investition, da sie eine hohe Chance haben, langfristig auf dem Markt zu bleiben. Deshalb wird empfohlen, die Gewinne, die diese Produkte abwerfen, wieder in sie zu investieren (Wöhe, Döring 2010, S. 90).

Feld 3: Cash-Cows (Melkkühe)

Das Marktwachstum ist in diesem Feld nicht besonders ausgeprägt. Allerdings sind die Kosten dieser Produkte bereits gesunken, weil sie sich in der Reifephase befinden. Aufgrund der zahlenmäßig starken Produktion dieser Produkte, sind die Stückkosten gesunken (Wöhe, Döring 2010, S. 90). Die Einnahmenüberschüsse können in die Entwicklung neuer Produkte, die sich im Bereich des Fragezeichens befinden investiert werden. Die Produkten, die in diesem Feld lange bleichen, sind für das Unternehmen von großem Vorteil, daher ist es wichtig, die sich in diesem Feld befindenden Produkte so lange wie möglich zu halten.

Feld 4: Poor dogs (Arme Hunde)
Unternehmen sehen ihre Produkte ungern in diesem Feld, weil sich hier Produkte befinden, die entsorgt werden, da es sich hierbei um eine Sättigungs- oder Degenerationsphase handelt. Die von den Produkten erwirtschafteten Einkünfte dienen nur noch zur Kostendeckung und die Chance, dass diese Produkte wieder wachsen, ist sehr gering (Wöhe, Döring 2010, S. 90). In dieses Feld können auch die Produkte gelangen, die sich zuvor bei den Fragezeichen befunden haben. Sie haben sich nicht weiter entwickeln können und sie mussten bevor weitere Investitionen getätigt werden vom Markt genommen werden (Berschin, 1982, S. 23). Den Unternehmen wird empfohlen, diese Produkte vom Markt zu nehmen, da sie ansonsten unnötig Kosten verursachen.

Der Verlauf eines Produktes von Feld 1 bis Feld 4 entspricht auch dem Produktlebenszyklus, der ebenfalls von der Boston Consulting Group entwickelt worden ist. Er skizziert wie der Name sagt, «die Lebensspanne eines Produktes von der Entwicklung über Erprobung, Einführung, Wachstum und Reifezeit bis zur Sättigung und eventueller Degeneration» (Allbrecht, Allgeier 2003, S. 1948).
Abbildung 2 stellt die Portfolio-Analyse in Kombination mit dem Produktlebenszyklus dar.

Abbildung 2: Theoretische Grundlagen der Marktanteil- Marktwachstums-Matrix

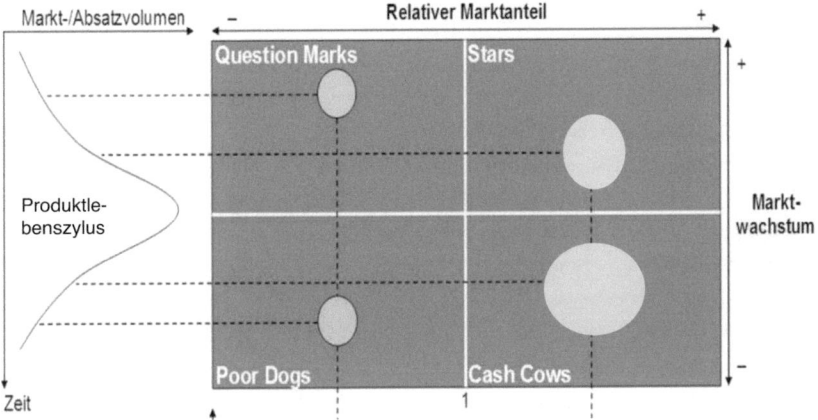

(Simon, Gathen 2002, S. 37, leicht abgeändert)

Wie die Abbildung 2 zeigt, entspricht die erste Phase des Produktlebenszyklusses dem Feld der Fragezeichen, wo die Kosten noch hoch sind und das Produkt noch geringen Gewinn abwirft. Befindet es sich in der zweiten Phase des Wachstums entspricht es etwa dem Feld der Stars. Die dritte und vierte Phase des Produktlebenszyklusses ist im Feld der Melkkühe einzuordnen, da die dort platzierten Produkte hohe Gewinne abwerfen aber sich schon auf dem Weg der Degeneration befinden. In der letzten Phase bzw. im vierten Feld gilt es nur noch, das Produkt zu entsorgen.

3. Portfolio-Analyse - ein Praxisbeispiel

Für die Verdeutlichung einer Portfolio-Analyse werden in dieser Arbeit vier Produkte, die ein Unternehmen der Jugendhilfe in Oberhausen (im folgenden Marienkäfer gGmbH genannt) vertreibt dargestellt. Es handelt sich hierbei um die Produkte a) Verselbstständigungsgruppe, b) Inobhutnahme, c) Heimerziehung in einer Wohngruppe und d) Erziehung in einer Tagesgruppe. Die folgende Tabelle gibt die Kennzahlen der einzelnen Produkte wieder, mit denen die Produkte in die Matrix eingeordnet werden sollen.

Tabelle 1: Produkte und die dazu gehörigen Kennzahlen der Marienkäfer gGmbH

Produkte	Marktwachstum	Relativer Marktanteil	Umsatz (in tausend Euro pro Monat)
Verselbstständigung	100 %	1,2	36
Inobhutnahme	20 %	1,3	30
Wohngruppe	-74 %	0,3	21
Tagesgruppe	100 %	0,6	18

(eigene Darstellung)

Die Gruppe der Verselbstständigung hat ein Marktwachstum von 100 Prozent, weil die Zahl der Jugendlichen, die in eine eigene Wohnung gezogen sind, sich verdoppelt hat. Dadurch hat sich der relative Marktanteil ebenfalls erhöht, weil der stärkste Konkurrent bei seinem Angebot geblieben ist. Allerdings haben sich auch die Investitionskosten in die Verselbstständigung erhöht, weil neue Wohnungen eingerichtet werden mussten. Dennoch wirft die Verselbstständigung relativ hohe Gewinne ab, weil der Betreuungsschlüssel, das heißt wieviele Kinder von einem Mitarbeiter betreut werden nicht sehr hoch ist.

Die Inobhutnahme hat einen hohen Tagessatz und bringt daher gute Umsätze, ist aber im Verhältnis zum Vorjahr um 20 %, das heißt um einen Platz gewachsen. Da es in Oberhausen insgesamt nicht so viele Inobhutnahmeplätze gibt, wird der relative Marktanteil als hoch eingestuft.

Ein Rückgang im Wachstum hat die Betreuung von Jugendlichen in einer Wohngruppe erfahren. Das hat damit zu tun, dass viele Jugendliche aus der Jugendhilfe ausgeschieden sind, oder in anderen Formen betreut werden. Auch der relative Marktanteil dieses Produktes ist gering, da das Unternehmen die vorhandenen Plätze nicht wiederbelegt hat.

Ein völlig neues Produkt des Unternehmens ist die Tagesgruppe. Hier hat das Unternehmen ein hohes Wachstum, aber noch keinen hohen Marktanteil.

Entsprechend dieser Ergebnisse werden nun die Produkte in der Matrix platziert und in Abbildung 3 dargestellt.

Abbildung 3: BDG-Matrix der Marienkäfer gGmbH

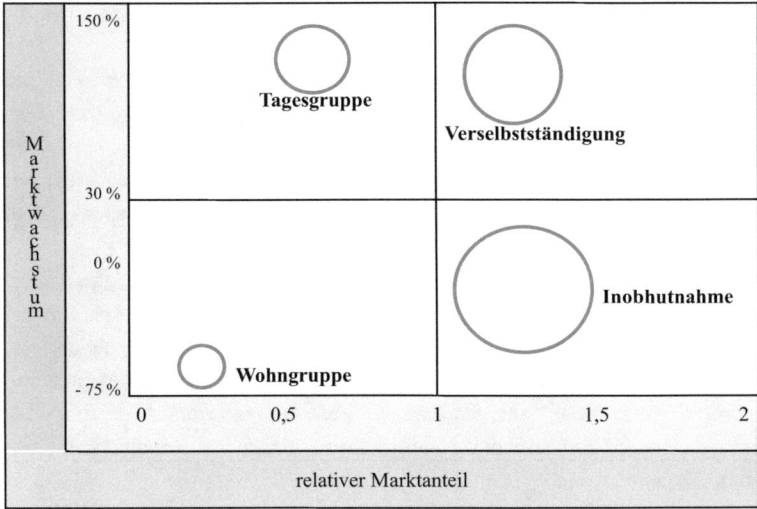

(eigene Darstellung)

Wie die Abbildung 3 zeigt, wurde die Tagesgruppe in das Feld des Fragezeichens platziert. Das Produkt betreibt das Unternehmen nicht so lange, aber es hat gute Chancen, in den Bereich der Sterne zu gelangen, weil es in Oberhausen noch Betreuungsbedarf für Kinder in einer Tagesgruppe gibt.

Die Verselbstständigung hingegen gehört zu den Stars. Dieses Produkt sollte so lange aufrecht erhalten werden, wie möglich. Die Inobhutnahme gehört nach den Berechnungen ihres Wachstums, der gering ist und des hohen Marktanteils zu den Melkkühen. Aufgrund der begrenzt zur Verfügung stehenden Plätze in Oberhausen, ist zu erwarten, dass der Marktanteil so lange bleibt, bis das Unternehmen von sich aus die angebotenen Plätze abbaut. Solange dies nicht der Fall ist, wirft dieser Bereich auch gute Gewinne ab.

Ein auslaufendes Produkt ist die Betreuung von Jugendlichen in einer Wohngruppe. Sie hat bei ihrem Wachstum eingebüßt und auch der relative Marktanteil ist wie bereits erwähnt gering. Daher wurde dieses Produkt in das Feld der «Poor Dogs» platziert.

4. Fazit

Die Portfolio-Analyse ist eines der Instrumente, mit denen die Entwicklung und Positionierung von Produkten auf dem Markt aufgezeigt werden können. Die Arbeit hat auch gezeigt (Kap. 3), dass die Anwendung der Portfolio-Analyse das Wissen zur Verfügung

stellt, das zu Diskussionen anregt und womit neue Erkenntnisse gewonnen werden können, die sich auf die Produktpolitik auswirken. Vor allem kann sie unnötige Investitionen in nicht mehr attraktive Produkte vorbeugen.

Dieser letze Punkt lässt aber eine wichtige Frage offen: Wie soll mit Produkten umgegangen werden, die vielleicht in den Bereich der «Poor Dogs» platziert werden, aber dennoch für das Unternehmen von Bedeutung sind? Aus der rein wirtschaftlichen Perspektive betrachtet, müssten solche Produkte so lange gehalten werden, so lange die Gewinne erzielt werden. Anschließend sollten sie wie auch der Produktlebenszyklus beschreibt in die Entsorgungsphase vom Markt genommen werden.

Allerdings könnten solche Produkte für das Image des Unternehmens wichtig sein oder alleine, dass sie betrieben werden, kann sich für die Kunden positiv auswirken. Die für diese Arbeit verwendete Literatur gab leider wenig Informationen darüber, wie der immaterielle Wert des Produktes in deren Bewertung / Berechnung mit einfließen kann.

Die Verfasserin dieser Arbeit hatte den Eindruck, dass die Portfolio-Analyse zu häufig im Zusammenhang mit dem ökonomischen Prinzip der Gewinnmaximierung und Kostenreduzierung genannt wird.

Gewinn kann für ein Unternehmen der sozialen Branche auch immateriell sein. Und genau das hat die Analyse der Produkte von Marienkäfer gGmbH in Kapitel 3 gezeigt: Das Produkt «Regelgruppe» ist für das Unternehmen ein Auslaufmodell. Allerdings ist genau diese Dienstleistung eines der klassischen Tätigkeiten in der Jugendhilfe. Die Entsorgung dieses Produktes kann sich somit negativ auf das Unternehmen auswirken.

Für kleinere Unternehmen wie Marienkäfer gGmbH., die nicht über nötige Informationen wie Verkaufszahlen der Konkurrenten oder deren Marktanteile verfügen, stellt sich zudem die Schwierigkeit der präzisen Berechnung und Zuordnung seiner Produkte in die vier Felder. So wurde auch in dieser Arbeit auf allgemein bekanntes Wissen zurückgegriffen und nicht der aktuelle Status der stärksten Konkurrenten der Einrichtung Marienkäfer gGmbH abgefragt.

Weiterhin ist auch anzumerken, dass die Zahlen zum Beispiel über die Bewohner einer Jugendhilfeeinrichtung täglich variieren können. Das bedeutet, dass die Gewinne, die von einzelnen Produkten erzielt werden, sich alleine durch den Abgang eines einzelnen Jugendlichen von der Einrichtung oder durch Zuzug eines neuen Jugendlichen in die Einrichtung für ein kleines Unternehmen drastisch verändern können. So kam es zu zwei Neuaufnahmen in der Inobhutnahme alleine während diese Arbeit verfasst wurde. Die Angaben, die zur Platzierung dieses Produktes in der Matrix in Kapitel 3, Abb. 3 stimmten plötzlich nicht mehr. Allerdings konnte dieser Umstand aufgrund der Vorläufigkeit der beiden Inobhutnahmen nicht mehr berücksichtigt und in die Berechnung mit aufgenommen wurde. Der Verbleib der Jugendlichen in der Einrichtung war für maximal vier Wochen geplant.

Letztendlich bleibt festzuhalten, dass die Portfolio-Analyse ein einfach auszuführendes Werkzeug ist, was prinzipiell für die soziale Branche geeignet ist.
Aber es kann und darf nicht das einzige Werkzeug sein, womit der Wert eines betriebenen Produktes bemessen werden sollte.

Literaturverzeichnis

Albrecht, Karl / Allgeier, Herbert (Übersetzer) (2003): Campus Management. Frankfurt a. Main: Campus-Verlag

Schätzl, Achim (2008): Portfolioanalyse: Funktionsweise und Anwendung. Norderstedt: Grin-Verlag

betriebswirtschaft-lernen.net: Portfolioanalyse. Definition. Internet: http://www.betriebswirtschaft-lernen.net/erklaerung/portfolio-analyse-bcg-matrix/ (abgerufen am 11.8.2018 um 11:00 Uhr)

Berschin, Herbert H (1982): Wie entwickele ich eine Unternehmensstrategie? Portfolio-Analyse u. Portfolio-Planung. Wiesbaden: Gabler-Verlag

Benkenstein, Martin (2002): Strategisches Marketing: ein wettbewerbsorientierter Ansatz. Stuttgart: Kohlhammer-Edition Marketing

Simon, Hermann / Gathen, Andreas van der (2002): Das Grosse Handbuch der Strategie-Instrumente. Frankfurt am Mein: Campus-Verlag

Wöhe, Günter / Döring, Ulrich (2010): Einführung in die allgemeine Betriebswirtschaftslehre. 24., überarbeitete und aktualisierte Auflage. München: Franz-Vahlen-Verlag

Schawel, Christian und Billing Fabian (2014): Top 100 Management Tools. Das Wichtigste Buch eines Managers von ABC-Analyse bis Zielvereinbarung. Wiesbaden: Gabler Verlag

BEI GRIN MACHT SICH IHR WISSEN BEZAHLT

- Wir veröffentlichen Ihre Hausarbeit, Bachelor- und Masterarbeit

- Ihr eigenes eBook und Buch - weltweit in allen wichtigen Shops

- Verdienen Sie an jedem Verkauf

Jetzt bei www.GRIN.com hochladen und kostenlos publizieren